# 힘 力

거칠게 불어대는 모진 바람을
헤쳐 내달리고 싶은 정력의 심지에
불사르고 싶은 자유의 물결이여!
저 철의 장막을 넘어 달려가고 싶은
힘을 발휘할 그날이 언제인가
통일의 문이 열리리라
| 이상엽 제4시집 |

도서출판 천우

# 힘 力

이 상 엽 제4시집

## 시인의 말

# 가지가지

생김새 가지가지로 다르고
생각도 가지가지 멋대로
가는 길도 각자 다르지만
끝에는 한가지길

산은 산대로 봉우리가 달라도
바라보는 하늘 아래 솟아나
쳐진 골짜기는 가지가지로 물이 흘러
사방으로 강물이 되어 흐르고

아무려나 땅덩어리는 하나인데
예서 생겨나 예서 자라고 예 살다가
묻혀야 할 곳을 왜들 세상은
갈가리 찢어져 살려 하는지

2025년 2월

이상엽

제1부

# 12지지(地支)

제2부

# 꽃의 여정

제3부

# 모처럼의 소풍

제4부

# 워밍업

제5부

# 가면무대

제6부

# 뒤안길

제1부

# 12지지(地支)

# 힘(力)

자유의 힘은 하늘만큼 이라
내 실력은 바다만큼 출렁이나
내달리고 싶은 지평선 어디에
잊을 수 없는 그리움을 외쳐본다
솟구치는 갈망이 파도처럼 밀려와
바위에 부딪히고 부서지고
물거품이 삼면을 적시는
거칠게 불어대는 모진 바람을
헤쳐 내달리고 싶은 정력의 심지에
불사르고 싶은 자유의 물결이여!
저 철의 장막을 넘어 달려가고 싶은
힘을 발휘할 그날이 언제인가
통일의 문이 열리리라

## 띠의 생(生)

울음을 터트리고
저마다 태어난 세상
띠를 두르고 내 울안에서
우려내 살 일이다

# 쥐(子)

사람 사는 곳이면
어디나 묻어와 사는
성가신 동물이다
하늘을 등지고
빛을 피해 땅속에
둥지를 틀고 사는 쥐

부지런하기로서니
해 떨어진 밤에 활동하니
언감생심 빛을 볼 날 기대하랴
그래도 잔꾀가 있어
자기대로 부자로 살려고
땀방울 훔쳐서라도
악착같이 살아가는 쥐

그래도 사람과 닮은 장점이 있어
실험실에서 희생되는 쥐도 있나 보다

# 소(丑)

우람한 덩치에
순하디순하게
늘 눈물이 고여 있고
이를 갈면서
새김질해 침을 흘리며
살아서 전부
죽어서도 전부 내주고
사람에게 무엇을 얻을까

우매! 소리 지르며
무엇 땜에 겉 다르고
속 다르지 않게 우직하게 살까
산이 소를 닮았나?
소가 산을 닮았나?
이 땅에 살아 숨 쉬는
오직 인간을 위한 우직한 존재

# 호랑이(寅)

숲을 헤치며 호랑이 그림자
바위를 제칠 기세 숨 고르고
소나무 둘러친 사이 갑자기
소낙비 몰고 오는 비바람처럼
달려드니 놀란 산이
흔들리고 부서지는가 싶더니
순간 호랑이의 바로미터는
무엇을 노렸을까
살기 위함이 전부를 내던질 기세
호랑이의 일성

# 토끼(卯)

살아가기 조심스러워
눈을 동그랗게 뜨고
호기심 많고 겁도 많아도

하늘을 향해 날개가 있다면
달나라에 그림자 남기고 싶은

큰 귀를 안테나처럼 세우고
경계의 눈초리에
야무진 이빨을 드러내
오물오물 풀을 씹으며
주의를 게을리하지 않는 토끼

참사랑만 하고 살자 해도
쫓기듯 살아가야 하기에
산을 잘 타라고 앞다리는 짧고
뒷다리는 길어 험준한 산과 들을
넘나들며 살아간다하리

# 용(辰)

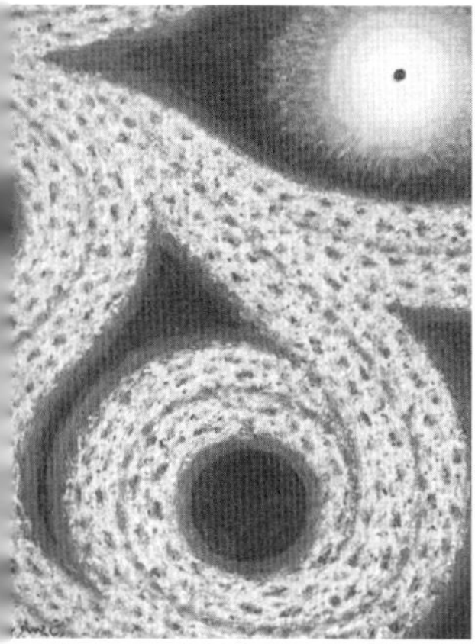

힘의 기적을 바라듯
있는 힘을 다할 때 용쓴다 한다

상상의 동물로 용은
즉 힘의 원천이듯
불가능이 없는 기(氣)
물리적 희망의 상징처럼
용꿈을 기대하면서
바라는바 성공하기를 빈다

누구나 용을 품고 태어나지만
등에 새겨져 스스로 볼 수가 없다
어디에 어떻게 용쓸지 몰라
꿈에서라도 봤으면 하지만
주어진 일을 열심히 할 일이다
개천에서도 용이 난다는 희망을
기대해 본다

# 뱀(巳)

손과 발을 몸 안에 숨기고
탱크같이 풀숲을 헤쳐 가며
혀를 날름대며 불을 뿜듯
독을 쏘아대는 사술(詐術)을 품고
소리 없이 어디든 미끄러지듯
담을 넘나들어 전진하는
온갖 지혜를 동원한다

다능하다 할까
교활하다 할까
몸가짐은 매끄럽고 화려하게
단청 색으로 위장하고
군더더기 없이 날씬하다
아름답기로 이적(異蹟)의
지팡이로 변신할 만큼
기민하고 교활함이여
오직 존재를 위한 존재인가

# 말(午)

말의 모습은 산줄기처럼
파도가 넘실대는
몸매의 균형미가 출렁인다
쭉 뻗은 다리며 허리 굴근(屈筋)에다
반석 같은 엉덩이의 튼실함이
건강미의 본보기다

산봉우리 같은 야성미가
몰아치는 비바람을 헤치며
들판을 내달리는 헤어스타일이
불사조처럼 날개를 펴고
벼락 치는 들판을 희망을 찾아
사랑 찾아 내달리는가

# 양(羊)

파란 하늘 거울삼아 올려다보면
흰 구름이 솜처럼 피어오르고
호수 맑은 물 위에 비추니
풀을 뜯는
양 떼 무리와 어울려져
한없이 평화로워
이 마음 하늘을 품었다

어디서 날아든 나비 쌍쌍이
하얀 꽃 노란 꽃 스치듯 날아가고
넘나드는 구롱(丘壟) 진 언덕에
들국화 구절초 무리 지어 피어나
향기 어린 들꽃에서
메! 하는 소리
메아리가 들리는 듯

# 원숭이(申)

사람과 흡사하게 생긴 원숭이
나무타기 줄타기를 잘한다
이곳저곳 넘나들며

땅에서보다 나무에서
열매를 따 먹으며 살아
발바닥 부르트는 일 없이
어느 동물보다 손으로 잡아채고
매달리는 근성을 가졌다

이 나무에서 저 나무로
가지를 잡고 그네 타듯
옮겨 다니며 잇속을 챙기고
손재주가 좋고 재빨라
영장류(靈長類) 소리 듣는데

인간이 염치없이
약삭빠르게 눈치를 살피고
새치기하듯 끼어들면
원숭이 같다는 소리 듣는다

# 닭(酉)

소, 닭 보듯
닭이 소 보듯 하며
서로 한마당 사이에서
푸덕이며 살아가는 풍경이
자못 평화로운 아침이었다

옛날엔 그랬다
지금은 새소리 닭소리 보다
떠들썩한 TV 소리만이 흘러난다

따스한 햇살 볕을 이고
화려한 장닭 곁에서
한가하게 모이를 쪼던 암탉이
외양간 벽에 걸린 둥우리에 들어가
하얀 알을 낳아 놓고 나서며
꼬꼬댁 소리치고 옹알이니
장닭 날개를 퍼덕이며
꼭요! 냅다 소리 지르곤 했다
수고했다고

# 개(戌)

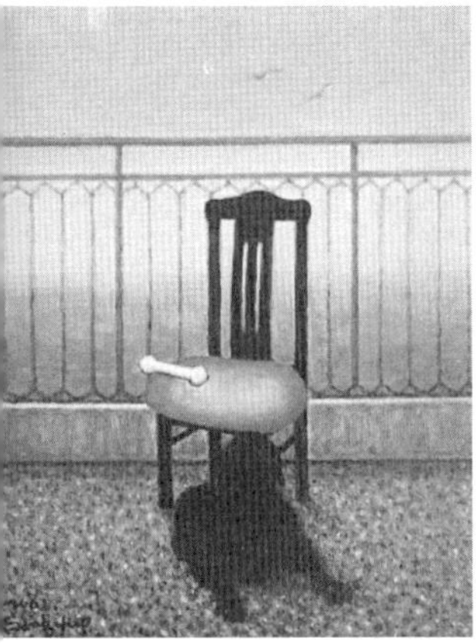

예전에는 소, 돼지, 개, 닭들을
시골 어느 집에서나 기르며
한마당에서 버석거리며 살았다

어느 동물보다 달리 사랑받는 동물로
개 팔자 상팔자 소리 들어가며
사람과 가까이 살아왔다

하지만 멍멍 짖어대면서
낯선 사람이면 달려들어 물 태세로
문간 지킴이 노릇을 하다가도
팽하니 걷어 채이고 죽임을 당해
한여름 보신탕 감으로 사랑을 받기도

이제 그런 사랑은 없어져 가고
안방까지 들락거리며
꼬리치는 개를 귀엽다고 쓰다듬으니
개 팔자 많이도 변했다

# 돼지(亥)

삼겹살 좋아하면서
꿀돼지 똥(돈)돼지라
풍기는 궁합의 냄새며
꿀꿀 부글대는 소리도
한결같지 않아

주는 대로 생기는 대로
마구 먹고 자고, 마구 싸는
돼지꿈을 꾸고 복권을 사면
돈벼락 꿈이 될까

돼지는 돈(豚)이라서
돼지꿈을 좋아 하나보다
돈이면 만사 통하니 그럴만하다
그러나 돼지는 돈을 모른다

# 제2부

# 꽃의 여정

# 꽃길은 꿈길

꽃은 불만을 모르고 피어난다
부슬부슬 봄비 내리는 밤
꽃 몽우리 발그레 사랑에 젖어
꿀잠을 설치며 비에 젖은 채
활짝 피어난 꽃동산을
졸린 눈을 비비고 내려다보는
낮달은 아직 꿈결인가

산골짜기에 펼쳐진 꽃길
새들의 젖은 날개가 꽃잎 날리고
등산객 발자국소리와 웃음소리
계곡 물소리가 골을 메우고
멀리 뻐꾸기 소리 메아리로 들리고
물먹은 화창한 봄날의 꽃길은
자연의 사랑 선물이다

# 몸짓

만물은 몸짓으로
생심(生心)을 들어내는 계절
올봄은 암담하고 뒤숭숭해도
꽃은 언제 피었던가 싶게
폈다 지고 또 피는데

초록빛을 앞세워 철쭉꽃으로
붉게 단장한 동산에 뻐꾹새란 놈은
떼까치 둥지에 알을 놔놓고
뻐꾹뻐꾹 허튼소리 내 지르고

지구촌 움츠린 도시는
코로나19로 마비돼 주춤거리고
암담한 미로에서 방향감각 찾느라
입과 코를 가린 채 촉각을 곤두세우고
희망의 끈을 찾아 긴장의 순간은
더욱 분주하게 발걸음을
침묵의 몸짓 지하철 속을 달린다

# 나무를 심자

늦었지만
때를 가리지 말고 언제고
양심의 나무를 심자
봄, 여름, 가을, 겨울
마음자리에 나무를 심어보자
꽃나무이든 과일나무이든
시 나무이든 꽃이 피게

불편한 심사라 해도
비록 평탄치 않은 현실에
비탈진 언덕이라 해도
한 그루 은행나무처럼
알알이 열매가 달리고
노랗게 단풍이지는
희망의 나무를 심자

# 4월은 피고 지고

화사한 봄날에 웬
코로나19와 전쟁을 치르다니
3, 4월 꽃피는 계절이 무색하구나
노란 산수유에 개나리꽃이며
산에 들에 붉게 물들이는 진달래꽃이
언제 피었던가 싶게 혼이 나간 4월
정신 차리고 볼 일이다

꽃피는 계절이 회색빛으로
엇나간 세월 속 수렁에
어수선하게 꽃잎 날리고
첨단을 달리는 문명사회가
예상치 못한 전염병 하나에
삶의 정서가 마비되다니

어쩌랴 삶이란 살고 보는 것
열린 입에 마스크를 하고
썰렁한 거리 차분히 코로나를 밀어내며
녹음이 짙어지는 5월 철쭉꽃이
강산을 붉게 물들일 제
4월을 토해내고 푸르렀으면

# 꽃피는 4월 어느 날

하늘이 반기는 꽃잎
바람이 시샘해 떨어지나
지천에 흐트러져
풀잎에 누워 이슬비에 젖고

맑은 하늘 먹구름 걷히니
눈물 먹은 낮달인가
수척해진 얼굴을 드러내
내려다보는 한낮에
이 강산 저 들판 어디에도
꽃길 미어지게 인파의 물결이
강물처럼 흐르고

올해는 풍년이면 좋겠다

# 부정의 숲

자연은 순리이고 책임인 것을
다하여 존재를 드러낸다
결과를 보람으로 맺고자 하지만
시련이 뒤따른다

바람이 빛을 타고 계절을 실어와
시시각각 변화의 기류 속에서
꽃이 피고 잎은 한여름 푸르다가
단풍 져 떨어지고 알갱이를 들어내듯
자연은 순리대로 잘 적응해 사는 걸까

세상사 복잡하게 얽혀지듯
한여름 녹음 짙게 무성해
나붓대는 나뭇잎이 그늘을 드리우고
평화롭게 바람에 흔들리다가도
때로는 나무 밑동까지 흔들린다

해마다 겪는 심술부리듯
태풍이 불어와 잎이 떨어지고
이면이 뒤집히고 나뭇가지가 부러지는
시련을 겪는 자연 존재의 부정은
인간사 복잡한 파장과 다르지 않다

올해는 사과 알이 붉다 못해 썩는 일 없기를

# 내달려오는 소리

두세 시간은 더 자야 하는데
눈을 비비며 그만 일어나 앉아
달아난 잠 대신
멀리서 내달려오는 듯
바람 소리에 귀 기울이고

신문을 펴 들거나
책장을 넘기다 보면
다시 눈이 침침해지고
집중력이 몽롱해지며
거푸 하품이 난다

다시 잠이 오려나 싶어
잠시 눈을 감으니
벽시계 소리가
적막을 밀어내고
그리운 얼굴이 스친다

쓸쓸한 마음에 허기져
무엇하나 담아보려
펜을 잡고 생각에 잠기니
내달려오는 바람 소리에
들리느니 이명(耳鳴) 소리뿐

# 자연은 포기란 없다

산이 무너지고 갈라져도
자연은 풀뿌리 하나
나뭇가지 하나
뽑히고 부러져도
생을 포기하지 않는다

삶이 어디서 시작됐으며
왜 생겨 낳건 사는 날까지
실망은 없이 무엇을 하든
꽃봉오리로 사는 것이다

말라비틀어진 오가리가
물을 만나면 잠시 본색을 드러내듯이
잘린 나무 밑동이 흙에 묻혀 있는 한
새롭게 생가지를 치고 자라듯이

쓰러진 고목에 사연을 담아
버섯이 자라듯이
쓰러졌어도 영혼으로나마
존재감을 드러내 시 한 수 눈뜨듯이

# 꽃의 여정(旅情) 2

한겨울 참아낸 그리움을
인내한 보람을 꽃으로 피어나
눈부시게 다가서 사랑을 나누고
미련 없이 땅에 떨어지는 꽃잎
그 아름다운 진실을 알까

여름이 되어 잎이 푸르러지고
바람 잘 날 없이 흔들리다가
태양을 힘입어 낙엽 지는
이름 모를 꽃나무며 아름답기로
자연의 섭리(攝理)인 것을

믿을 곳은 스스로 흙 속에
뼈를 묻을 땅에 뿌리 내리고
엄동(嚴冬)이 닥치기 전에
가지 끝에 엄 눈을 솜털로 감싸고
사랑받는 꽃으로 피어나기 위해
한겨울 인고의 정신으로
꽃 몽우리 꿈을 키워 봄이 오면
또다시 아름답게 피어나는 꽃

# 시간이 나를

시간이 나를 끌고 가나
내가 시간을 쫓아가나
바람 잘 날 없이 어수선한 세상은
아랑곳하지 않고 내달려가고
어느새 꽃피는 계절은 또 와도
내 시간이 늘어났을 리 없고

아무래도 내 몫에 시간은 줄어들어
다시금 다짐의 시간을 덤으로
알차지려 욕심내어보지만
마음일 뿐 몸이 다르지 않아
재창출에 발돋움 쳐 보지만
뒤척이는 꿈결이 산만하기만 하다

첨단을 달리는 세상에 적응 못 하고
전에 없이 망각(忘却)이 틀어쥐고 앉아
오늘날의 현실이 답답하기만 하다
옛것은 어제 일같이 미련을 못 버리고
왜 새로운 것엔 뒷걸음만 쳐지는지 몰라
그래도 주어진 시간은 희망으로
시 한 줄 적어보고 붓을 들고 그림 앞에 서리라

# 꽃잎이 춤을 추나

가로수 벚꽃이 활짝 피었다
차들이 달리는 바람에
꽃잎이 떨어져 반짝이며
마지막 신나게 춤을 추며 떨어져
길가 먼지 속에 구르고
오가는 발끝에 채이는
애틋함이 초라함으로 변해
보는 이 가슴이 애잔해진다

떨어지는 꽃잎이 무슨 미련 있어
누울 자리 가리고 떨어지랴
이왕 떨어지는 것 봄바람에 안겨
가볍게 어디든 날아보는
제 혼자 피고 지며 온 누리에
빛과 바람에 실어 나르는
꽃향기 풍기고 스스럼없이 사라진다

# 노란 꽃들 속에

한겨울 누굴 그리며
웅크리고 참아낸 꽃들인가
아련히 피어난 산수유
미소가 번지는 골짜기 따라
눈 녹은 물 구르는 소리에
산새도 날아와 같이 구르고

묵은 풀포기 헤집고 솟아나
속 비우고 당돌하게 자라
피어난 노란 민들레꽃
여기저기 꽃망울 방끗 터트리니
환한 웃음에 손뼉을 치나

담장을 뒤덮은 개나리꽃은
멀리 가물가물 아지랑이 불러내
봄바람 마주 안고 춤을 추나
기대에 찬 들녘을 바라보니
화사하게 번지는 노란 물결 속에
진달래꽃이 한창이네

# 공원 안 한마당에

꽃피는 4월 공원 안에
햇빛 쏟아지는 한마당에서
공작새 화려하게 날개를 펴고
소리 내 춤을 추나

어디서 나타났는지 까치 무리가
도도하게 이목을 들어내 깍깍
소리 지르며 푸드덕 날고
거위도 뒤뚱거리며 소리치고

그 사이 참새들도 울타리 넘어와
재빠르게 한몫 끼어들어
짹짹 소리를 내 분주하다

너나없이 공원 안에
벌려놓은 마당에 뛰어드니
비둘기도 뒤질세라 한몫 날아들어
구구 목청 돋워 몸매 자랑이다

이렇게 스스로 제 잘난 맛에
공작새만 즐기라고 보고만 있지 않는다

# 허물어진 돌담 곁에서

산새 소리만 들고나는 빈집
벌들이 볕을 찾아 들고나는
댓돌 사이사이 노란 민들레꽃이며
장독대 위 빈 항아리 하나가
먼지를 뒤집어쓰고 누굴 기다리나

허물어진 돌담 곁에서
개미들이 줄을 서서 기어오르는
한 그루 복숭아나무에
애잔한 빛이 서린 채
올해도 간절한 기다림에 꽃은 피고

지난날 발뒤꿈치 들어 올리고
겨드랑이 드러내 가지에 매달려
달라붙은 개복숭아 한 알 따다가
애꿎게 복슬강아지만 걷어차고
나뒹굴어져 까진 무르팍을 부여잡고
호 호 입술 바람 불던 계집아이
그 발그스레한 모습 그리며
올해도 저리 곱게 꽃을 피웠나

# 질펀한 마음

질펀하게 앉아서
아득한 바다를 그리니
파도 소리만 들리고
앞을 봐도
뒤를 봐도 거칠 것이 없는데

내가 살아온 세상
내가 걸어온 이 땅에서
내가 보고 들은 것은
막무가내로 절벽에
부딪히는 파도 소리뿐

한낮에 이글거리던 태양이
숯불처럼 붉게 타버리고
어둠에 물든 하늘 아래
고독을 삼키는 파도 위에
나름의 별빛은 어디에

# 그리움의 꽃이

올해도 봄은 찾아와
추위에 지치고 푸석해진 안과 밖의
구석구석 따스한 빛이 숨어들어
싱그러운 기운이 채워지고

자연은 언제나 때가 되면
순수하게 우리들 곁을 찾아와
곱게 웃음 짓고 향기 나는 꽃으로
온 강산이 생기 나게 물들인다

어머님 모습 같은 목련꽃이 그렇고
수줍은 아가씨 모습 같은 진달래꽃이며
줄줄이 피어난 개나리꽃이 바람에 손짓하는
온 누리 봄은 꽃물결이고

평화의 꽃인가 복숭아꽃 살구꽃이
마을마다 수를 놓듯 피어나 그렇고
지천으로 피어나는 민들레꽃이 그렇듯
발길 닿는 곳이면 어디나 피어 있음에
마음엔 그리움의 꽃이 피어나고

# 세월은 어디로

70년을 지나 백 년 2백 년 채우려 하는가?
저! 허무하기만 한 고집의 아성(牙城)
헛된 아집(我執)은 녹슨 줄 모르고
불꽃이 꺼질세라 풀무질 해댄다
쇠붙이를 달구어 두들겨 담금질해
칼자루 쥐고 날 선 작두에 올라타 춤을 추나

아서라 살얼음판에서 손뼉을 치며
넋을 놓은 경악(驚愕)한 무리를 앞세워
피켓을 들고 폭군에 내몰려 장성(長城)을 쌓고
언제까지 세상을 얼게 하려나

이제 우리라는 마음자세는 어째야 하는가?
스스로 깨쳐질 날만 기다릴 수는 없다
과거를 알고 현재를 안다면 자유를 부르짖고
민주니, 개혁이니 말만 앞세우지 말고
냉철한 자신감으로 하나가 돼야 한다.

눈은 좌우에 두고 귀는 동서로 기울이고
입은 허공에 대고 부르짖는 메아리로
시도 때도 없이 서로 잘났다고 허세 부리며
헐뜯고 자리다툼만 해 대서야
주어진 주제는 언제 어떻게 풀려고
아! 하늘은 열렸어도 답답하기만 한 세월

# 그릇

생김새도 크기도 가지가지
색깔도 여러 가지로
쓸모 있는 그릇
쓸모없는 그릇 하지만

쓰기에 따라 쓸모없는 그릇은 없다
어쩌면 됨됨이에 따라
그릇에 담겨 있거나
담길 것이 문제일 뿐이다

못 쓸 물건이라면
과감히 버리고 비워서
쓸모 있는 그릇으로
거듭나야 하리라

버리는데도 용기가 필요하다
하지만 내려놓는다는 불안감에
매사 담아 두려 한다
그러니 들어 있는 것은 늘 불만일 뿐
비울 줄 아는 자세가 필요한데 말이다

# 새벽 둥근달

어둠 속 눈 비비고 올려다보니
새벽 둥구나무 사이에
달덩이 환하게 떠 있다

세상 고달픈 숨소리 잠재우고
부지런한 섭생(攝生)의 길을 비추고

후드득 날개를 털고
자리를 고쳐 잡는 비둘기 한 쌍
구구 어깨를 나란히 비벼대고

어디서 불침번의 고양이가
새벽 공기를 가르는 앙칼진 소리 지르며
암수가 쫓고 쫓기며 날파람이다

약수터 달그락 소리에
발자국 소리 타박타박 이어지고
아침이 밝아오고

# 낙엽 지는 모습

아름답게 물든 단풍잎이
마음 하나 담백하게 채웠을까
처음처럼 하얗게 비웠을까
바람에 떨어져 길 위에 그리고
물가에도 내려놓는 낙엽

후회도 미련도 없어라
열심히 살아온 보람 하나로
마지막 대지에 온기를 보태고자
떨어져 내려앉는 모습일까
대자연다움이어라

저리도 무념에 뜻이
사계절의 빛을 한 몸에 지녔음에
사방팔방 불어대는 비바람에도
곱게 물든 단풍잎 하나 떨어져
동지섣달 달빛이 품에 안았다

# 제3부

# 모처럼의 소풍

# 풋 냄새 꽃 냄새

노랑나비, 흰나비 팔락이며
산수유, 민들레꽃 노랗게 물들인
언덕을 넘나들며 춤을 추고
오늘따라 새소리 명랑하다
이때만 되면 몰려오는 옛 생각에
애잔히 눈시울이 젖고
고향 생각에 풋 냄새 그리워지고
보고 싶은 사람들 떠올려진다

산에, 들에 매화꽃, 진달래꽃 흐트러지고
담장 울타리에 개나리꽃 기지개를 켜면
한차례 꽃샘바람이 불어와
살구꽃, 복숭아꽃이 바람에 날리고
뒷동산 뻐꾸기 소리 울려 퍼지면
농부들은 모내기 철이라 바빠지고
개구리들은 쌍지어 논배미 물을 휘젓고

시골집 담장 울타리에 함박꽃이 피어나
벌 나비 날아드는 꽃밭에
풋 냄새 꽃 냄새 풍기는
아! 그리워라 그 시절 고향 생각

# 꽃은 색으로 말한다

꽃은 색으로 말하고
향기로 정을 나누며
사랑으로 불러 세우지만
다른 색을 시기하거나
비방하지 않는다

오묘한 화신(花神)으로
자연의 존재가치를
아름다운 빛으로 발산하고
스스럼없이 지는 꽃이기에
참사랑이리라

시혼의 색이 꽃처럼
아름답게 펼쳐 보이는
사랑의 꽃송이로 정을 담아
향기 풍기는 시 나무로
거듭 피어났으면

## 늘 푸른 대나무

늘 푸르게 살아가느라
마디마디 속을 비우고
갖은 풍파 참아내느라
매듭진 자리에
곁가지들이 자라나
바람 잘 날 없어도

줏대 하나 간직한 채
한곳에 뿌리를 내리고
하늘만 쳐다보며
주야장천(晝夜長川) 흔들리어도
결코 쓰러질 줄 모르는
늘 푸른 대나무

# 언제나 그 자리

어지간한 인내심이나
체념 따위도 아니게
대자연이 정해진 곳에서
묵묵히 살아가야 할
숙명의 자리 숲으로 산다

한세상 다할 때까지
너는 나일 수 없고
나는 너일 수 없이
그러나 나다움이 뭔지
스스로의 마음자리

모양새 다를지라도
춘하추동 철 따라
옷을 갈아입고
비바람 눈보라 속에서도
무던히 태연한 모습들이

선 채로 꿈을 펼치나
언제나 그 자리에서
가슴 모아 숨 쉬며
부대끼며 서성이면서
뜻을 이루리라

한여름엔 녹음 짙은 숲이 되고
한겨울에도 하늘 푸른 꿈을 품어
언제나 그 자리에 뿌리내려
나는 너일 수 없고
너는 나일 수 없이 함께 산다

# 이 땅의 사람들

땅은 어머니의 품이듯이
만물을 품고 베풀어지는 자연에
태양의 빛과 물과 바람에 의해
살고 지는 모든 생물이
사랑의 젖을 물고 존재한다 하리

하지만 탐욕에 눈이 멀어
젖꼭지를 두고 다투듯이
무책임하게도 양심을 저버리고
자연의 정서를 파괴하는 사건 사고들로
종잡을 수 없는 험악한 세상이 돼가지만
하지만 이 모순에서 벗어나야 하리

자연에 순응해 서로 사랑하며
삶의 보람으로 이름 석 자를 새기고
나무 한 그루 꽃 한 포기 가꾸듯이
정성을 다해 자연을 아끼며 살다가
죽어서는 돌아간다고들 하는 곳으로
정녕 어머니의 품에 안기듯이
이 땅에 묻히는 것이리라

# 불꽃

모든 관계는
불을 지피기 위한
부싯돌이 부딪히고 비벼대기다

그 과정이 어떻든 불가불
불꽃이 일고 연기가 피어나
첫눈에 반한 만남처럼
달아오르는 열기가

부딪힘이 긍정(肯定)의 과정이고
작정하고 2차, 3차의 만남도
차원이 달라도 불꽃은 일어나
연기는 계속 피어오르고

불꽃이 먼저일까 연기가 먼저일까
정의가 부정에 가려져도
불꽃이 일면 연기는 사라지게
우선 부딪혀 볼 일이다

# 찰거머리

어쩌면 찰거머리가 달라붙어
피 말리는 인생사인가?
쑤셔대는 몸에 덕지덕지 파스를 붙이고
살다 보니 매사에 참고 견뎌내며
고단한 짐을 내려놓지 못하고
운명과 씨름하는 것이리라

한숨 돌리고 나면 또 넘어야 할 고개
괜한 욕심인가 뒤돌아보게 되지만
기대치를 낮추어 반환점이 있으면 하지만
되돌릴 수 있는 길은 더 아득해 보이고
앞길이 내친 길이라 하늘을 쳐다보며
또 넘고 넘어야 할 고개
찰거머리는 더욱 피를 말리고

어느 결에 골머리 주름져 터득한 생각이
흰머리 날리며 거북이 발걸음으로
급할수록 돌아간다는 허허한 말 되뇌며
달라진 오늘날의 문명은 발끝이 손끝이라
앉아서 세상 오만가지를 내다보는 디지털 세상을
내사(內事) 늙은이에게는 오직 찰거머리에게
피 말리며 남은 길 걸어갈 수밖에

# 숲은 주는 대로

숲은 자연이 주는 대로
햇빛을 받아들이고
바람도 불면 부는 대로
비가 오면 비를 맞고
흔들리며 늘 희망에 산다

조용함은 못 참아
제 몰골은 안 드러내고
변죽 없이 불어대는 바람이
이 평화스런 꿈속을 들쑤시고
심술부려 숲속은 늘 소리가 난다

새소리에 짐승 소리 울부짖어도
막을 수도, 달랠 수도 없이
허구한 날 불어대는 바람 소리에
부대끼면서도 받은 만큼 결실을 위해
숲은 하루해가 짧다

# 모처럼의 소풍

천상병 시인님의 시비가 있는
강화도로 오랜만에 소풍 가기로 했다
시 낭송회 모임으로 떠나는 것이라
준비할 것은 없는지 다소 설레며
우선 낭송할 시 한 편을 준비해야 하는데
마땅한 시가 떠오르지 않았다

10월 3일 한글날 내 고향 군민회 갔다가
돌아오는 중에 목격한 광화문 시위 광경이
눈에 거슬려져 좀처럼 마음이 편치 않은 속에
얼핏 한강대교가 떠오르고 노들나루와
사육신묘가 생각났다 오십 년 전 생각만으로
강줄기를 따라 김포를 지나 강화도를 들러보는
상상을 해보며 지은 시가 소풍 중에 낭송한 시
'허적인 세월'이었다

강화도는 예전에 강화도가 아니었고
이제는 섬 아닌 관광 명소가 되어 있었다
천상병 시인님의 시비에 도착해 귀천을 읽어보고
동상 앞에 마주 서니 환한 웃음이다
무엇을 보고 저리도 웃음일까 짐짓 뒤돌아보니
앞에 펼쳐진 잔잔한 바다 수면위에서
황홀하게 반사된 햇빛이
천상병 시인님의 얼굴을 쓰다듬고 있었다

시인의 소탈한 웃음과 어우러져
소풍 나온 이 나그네의 몸과 마음에도
모처럼 환한 웃음 한 아름 안겨지고
반짝이는 이슬처럼 맑은 시심에 젖어
돌아온 하루였다

## 소가 웃을 일

소가 웃을 일이 무엇 있을까
아무래도 짝이 그리워
사랑을 보았을 때일 것이다

소가 속을 일이 무엇 있으랴
주는 대로 먹은 것이
목숨이었다는 것 알 때일 것이다

소가 울 일이 무엇 있을까
어쩔 수 없이 끌려가
모든 것 피와 살을 내어줄 때이다

소도 탄식을 할 때가 있다
하늘을 향해 이를 드러내
거품을 흘리며 우매(愚妹)하고

# 사람 냄새

아무래도 참을 수 없다는 듯
이 봄에도 꽃망울 활짝 터트리고

산뜻한 햇살에 샤워하는 기분으로
문밖을 나서보니 어디나
싱그러운 봄 향기에 기지개를 켜고
어느새 목련 꽃잎은 떨어져 애잔한데
혼자서 꽃향기 찾아 나서려니
코로나19로 사람 냄새가 그리웠다

방구석 몸에 밴 냄새 씻어 내고
향기 아닌 단맛 쓴맛에 절은 것을
목구멍 넘기는 기름 타는 냄새와
씁쓰름한 소주 한 잔 들이붓고
얼얼한 매운탕에 혀를 내두르며
누구랑 같이 속 시원히
세상사 대면 풀이를 하고 싶지만
한심하게도 비대면이라는 비상이
저만치 물러나지 않아
이 봄에도 꽃향기는 봄비에 젖을 수밖에

# 5월 장미꽃이

5월 연두색 짙어진 그늘에
미쳐 못다 핀 철쭉꽃이
맥 풀리게 도시 정원에 피어나
날아다니는 코로나19가
지근대며 여기저기 달라붙을라

언제까지 숨을 가리고
오지 않아야 할 차례를
초조히 염두에 두면서
봄은 있었던가 싶게 흘러가고

초여름 담장 울타리에 펼쳐진
붉은 장미꽃 눈을 부라리듯 피어
코로나가 혼비백산 달아나는
그런 기적이 일어났으면

# 일의 만남

삶이란 일의 만남일까
올 한 해는 어떤 만남이 있어
살맛 나는 일이 펼쳐질까
탐스런 열매가 마주 보고 웃듯

일을 위해서 만나지만
사랑을 위해서도 만나고
싫어도 만나야 하는
업무상 시작을 위해서나
끝을 보기 위해서도 만난다

긍정의 시각으로 접근해도
자기대로의 결말이 쉽지 않아
일이 잘 안 풀리면 불안해지고
소원(疏遠)해져
부정(否定)의 싹이 되기 전에
또 만남으로 풀어야 한다

# 한 그루 나무(古木)

저! 한 그루 나무가 한자리에서
오랜 세월 혼자이듯 운명처럼
버티고 서서 결코 혼자가 아니게
곁가지 끌어안고 튼튼히 뿌리를 내리고
바람에 흔들리고 있다

찾아오는 이 난데없이
밀려드는 풍파에 몸을 맡기고
맑은 날이건 궂은 날이건
흘러가는 세월에 시름을 달래며
새 소식 기다리면서

종일 햇살이 내려 비치면
그늘을 찾아드는 새들이 품에 안겨
재잘대는 소리에 심신을 달래고
저녁노을이 찾아들면
바람이 잦아지는 대로 고독에 젖어

쓸쓸함이 몰려와
밤하늘에 별들을 헤아리다가
변죽도 심한 날이면 비바람 몰아쳐
우수수 절망감에 몸부림치면서
혼자임을 실감하는 나무

## 해와 달

햇빛 아래 살아가는
모든 생물은 핏물이 돌아
꽃이 피고 푸르러져 생동한다

목구멍 축여주기 위해
바람이 물방울 몰고 와주다가
때로는 태풍으로 들볶이는 세상
그곳이 생물의 보금자리라
힘들어도 사랑이 둥지를 틀고

그랬으면 그만인 세상
해 끝을 내려다보는 하늘도
하룻밤 쉬어야 하기에
노을 진 잠자리에 어둠이 내리면

반사경 달빛이 은은하게
어스름 구석진 곳 비추니
세상에 안식처가 따로 있으랴
평화로운 밤인데
탁해진 공기가 별빛을 흐리게 하다니

# 나 하나의 몸

언제나 한 점 아쉬움을
몰라 알고 싶지만
누구에게 하소연하랴
저 많은 별은 알고 있을까
넓고 아득한 하늘을 이고
내 앞에 펼쳐진 세상에
내동댕이쳐진 신세라 해도

거칠 것이 없는 저 달은
오직 한 줌 빛을 그리워하며
마음 한주먹 쥐락펴락해도
외롭다 말이 없어라
무더위 속 태풍도 사라지고
오늘 밤 저 둥근달은 유난히
밝기만 하구나

# 손바닥 그림

손금을 들여다보면
누구의 작품일까
부모가 물려준 것은 맞지만
직접 그린 것은 아닐 테고

평생 살아오면서
씻고 닦고 움켜쥐느라
풀 길 없는 뜻 새겨
쥐었다 펴보기를 수없이 했어도
닳지도 지워지지 않는 그림

살기 위해 움켜쥐고 펴보느라
손등에 드러난 핏줄이나
살가죽이 거칠어졌어도
미련 없이 손바닥 그림을
지켜내느라 무던히 애쓴 흔적

# 오솔길

너무도 화창한 날
햇빛 따라 시간 따라 길 따라
나선 길이 질척이는 비 개인 오솔길
발걸음에 힘이 실린다

진흙 길에 빠진 발자국이
오며 가며 밟고 지나가다 보니
하얗게 다시 다져지는 한나절
바람이 스치고 아지랑이 아물거리는
하늘엔 하얀 구름이 한가하게 흐르고

윤기가 나게 비바람에 씻긴
풀밭에는 잡다한 꽃이 반짝이고
그 풋풋한 향기 속 길 위를
한가롭게 걸어가다 보니 으레
옛사랑이 떠올려지는 하루

# 집착(執着)

이왕 태어난 생물로
얽혀 살 수밖에 없는 존재인가
4계절의 옷을 걸치고
바람에 흔들리며
옹이 져 살아가는 한세상

삶의 고비 몇 고개인지 모른 채
안간힘을 다해 산 넘고 물 건너
바람 잘 날 없이 부대끼면서
말도 많고 탈도 많은 세상에
미련만 한 아름 안고 가나

가는 곳은 결국 한길뿐인데
밀려가고 떠밀려가듯 하지만
끝은 언제인지 모른 채
중생(衆生)의 두 얼굴은
무엇 하나 더 집착이고 욕심이네

# 들꽃이 피어나

마을 앞들에도 뒷들에도
옹기종기 피고 지는 들꽃들이
한 폭의 그림 신의 발자취든가
달맞이꽃, 제비꽃 잡다한 꽃들이 피어나

심심치 않게 불어대는 바람에
오솔길 스치며 날아드는 나비처럼
들판에 활기찬 젊음의 모습들이
마을마다 넘나들며 농악 소리 울려 퍼지고

때로는 모진 비바람 불어와도
웃음을 잃지 않으려 인내하는
티 없이 맑은 마음 푸른 마음
하늘을 이고 사는 들꽃 마을에
언제나 웃음꽃이 줄줄이 피어났으면

# 불면 1

잠이 무슨 보배인가
챙겨야 하는 보약인가
그래서 잠자리에 들어가 보지만
TV를 보던 심사 뒤숭숭함이
어둠 속 뒤척이는 몸이 되
오만가지 그림자 거미줄처럼
끈적이게 달라붙어 포박해
잠은 점점 달아나고

그만 일어나 책장을 넘기려니
헤프게 하품이 쏟아져 눈물이 난다
다시 잠자리에 들어가 보지만
이번엔 기침이 잠을 쫓아낸다

잠이 무슨 죄가 있다고 몸이 묶이듯
사지를 뒤틀고 몸서리치게 하나
이불을 걷어차 버리고 또다시 일어나
화장실 낙수 물소리로 포승(捕繩)줄을 풀고
다시 잠자리에 들어가 지친 몸 웅크리고
애꿎은 베개에 볼을 비벼대며
새벽잠 꿈속을 헤맨다

# 이곳이 천국인가

지하철역 에스컬레이터에
몸을 싣고 오르고 내릴 때면 문득
지상과 천국을 오르내리는 수많은
초롱초롱한 별빛을 헤아린다

내려올 때는 줄줄이 별이 반짝이고
올라가는 뒷모습에는 힘들게 비쳐지는
무엇이 감겼는지 어깨에 걸머진 배낭 속이
알 수 없이 왠지 고단해 보이지만
분명 천국을 향해 오르리라

힘들게 지하철역을 빠져나와
교차로 건널목에 서면
이것이 행복의 지름길인가
밝은 모습과 바쁜 모습이 교차하는
이곳을 지나면 지상 낙원이 기대된다

# 판치는 한마당

개는 개처럼 살아가고
늑대는 늑대처럼 여우는 여우처럼 사는 것이
동물의 세계지만
유독 개를 좋아하는 사람들은
개를 사랑한다며 같이 살면서
옷도 입혀주고 극진히 대하며
개판치는 것을 즐기나 보다

생김새 비슷하거나 달라도
모든 동물 중에 유달리
개는 사람을 잘 따라서일까
충견 소리도 들으며 길들여져
애견 대접을 톡톡히 받아 가며
개 팔자 늘어져 집 안팎을
판치며 한마당에서 산다

제4부

# 워밍업

# 창밖을 내다보면서

어느 날
식탁에 마주 앉아 창밖을 내다보면
나뭇가지에 새들이 날아와
깃털을 다듬는 사랑스런 모습 보이다가
금세 어디론가 날아가 버리면
서운해하던 그 사람
그 모습이 어제 같은데 이제는
홀로 내다보고 있는 나를
저 나뭇가지가 들여다보고 있다니
혹시나 그 새들이 날아와 앉을까
기다려지는데

한가하게 흔들리는 나뭇가지와
나 사이에 빈자리 무엇으로 채울까
뵈는 듯 들리는 듯 기다려지는
그때 그 모습들은 다 어디로 가고
그리움은 언제까지

# 푸른 정원의 꿈

젊고 푸른 날의 꿈이
눈앞에 환하게 꽃 한 송이로 다가선
무지개 같은 환상만은 아니게
코끝을 스치며 퍼덕이는 사랑의 날개를
황홀감에 덥석 잡아보는 열정이
오직 하나의 희망으로 펼쳐보았다

둘이서 손을 잡고 푸른 하늘을 나는
그 보랏빛 비둘기 앞가슴처럼
부풀어 푸른 정원을 날고
연잎처럼 사랑이 활짝 펼쳐지고
화려한 꽃송이로 피어나는 꿈이 아니었나?

그 사랑의 정원을 가꾸느라
흘려보낸 많은 날의 내 청춘이
엊그제 같은데 그 빛나던 날개는
다시 볼 수없이 미련만 남기고 떠나고
홀로 저 푸른 하늘을 올려다보고 있네

# 반성(反省)

생각대로 되는 것도
안 되는 것도 내 나름이라고
미적대며 다지는 마음에
현실은 머물러주지 않고
시간은 내달리는데

일상이 돼버린
오늘의 소중한 시간이
알차게 채워져야 할 자리에
드리워진 허무한 그림자를
뭉개고만 있지 않은지

실실 흘리는 것은 시간이 아니라
그저 주워 담으려는 생각들이
한가하게 끄적거리며
자화상을 만지고 있는 것은 아닌지

# 워밍업

가로수 낙엽이 발끝에 채며
바람에 구르는 소리
힘의 축적이 시야에 원색이 짙다

자연의 무게와 환희의 실체가
흥분한 도가니 속처럼 이글대는
막바지 가을 날씨

나뭇가지 팔을 걷어 올리고
파란 하늘을 찌를 듯
기고만장하게도 겨울나기 위해
혹독한 워밍업에 나서고 있다

사람들은 옷깃을 여미고
동장군을 대비해 동분서주해도
마음은 윤기가 나게 정신적, 육체적
풍요의 힘입어 활기를 발산한다

## 망부석처럼

망연히 하늘을 바라다보며
망향의 연줄을 놓지 못하고
바라는 바 간절하기에
죽는 날까지 마음 하나
희망을 날려 보지만

언제까지 아득하기만
저 가로 놓인 장벽을 자유로이
넘나들 새들을 부러워해야 하나
망연자실(茫然自失)해
한숨만 날려 보내고

한없이 기다려야만 하는 현실
원망할 기력도 소실되어 가는
기약 없는 그리움으로 뭉친
간절한 마음 망부석처럼
흘러가는 구름을 바라보아야 하나

# 추억이 동반자인가

어린 시절 학교에서 점심시간만 되면
학교 가까이 집에 달려가
찬밥에 물 말아 한 조각 무김치를
고추장 찍어 배를 채우고
헤진 운동화에 때로는 맨발로도
공차며 뛰어놀던 그때가
잊을 수 없는 즐거웠던 추억이었고

젊은 시절에는 내 자유는 접어두고
전쟁 난리통에 처절한 피난민 생활에서
살아남기 위한 몸부림 속에
우선 삶의 기반을 찾아야 할 일과
나라를 위해 군복무도 해야 했고
무엇보다 사랑도 해야 하는 24시간이
부족한 나날들이 희망과 갈등의 미로에서
벗어나려 몸부림치던 지난 일들이
추억 아닌 질긴 인연으로 남아

그럭저럭 한세상 살다 보니
한 가정에 가장(家長)이 되어 있었고
정신없이 달려온 시간이
내가 아닌 남으로 존재한 것 같고
열심히 살아왔노라고 한숨짓는 얼굴을
두 손으로 쓸어내리니

어느새 검은 머리가 파 뿌리처럼 희고
가장이라는 자리에서 뭉기며 사느라
주름진 얼굴에 편안함을 보이려
여유 있는 마음을 간직하려 애쓰는
늙음의 자존심의 지나온 추억들이
정신적 동반자로 오늘에 이르렀나 보다

# 한 그루 소나무 2

아파트단지에 심어놓은
한 그루 저 소나무
무슨 생각을 하고 서 있을까

침묵도 아니게 불만도 모르게
입 다문 채 바람에 흔들리며
먼 산을 바라보는
동네 할아버지 같은 모습에
인사를 건네고 싶어지는
측은지심이 서로 통하지 않을까
어쩌다 여기 자리 잡고 고향 푸른 산을
그리워할 것만 같아
창문을 통해 마주 보면서
인사를 건네고 싶은 심정이다

아파트 담벼락을 배경으로
낙락장송으로 자리를 틀고
오래도록 푸르렀으면
온 갖 바람이 불어와 세상 소식
꽃소식 단풍 소식 한겨울 눈 소식
이런저런 계절 소식 나누고
크고 작은 예쁜 새들이 날아와
재잘대고 놀아주면 다행일까 싶다

# 이 겨울에 그 사람

그리움의 눈물이
하얗게 빚어져 내리나
눈발이 바람에 날리고

창밖을 내다보니
나뭇가지 끝에 매달린 단풍잎 하나
찬바람에 바들바들 떨고

봄이 오고 여름이 오면 다시금
녹음 짙은 모습을 보일 거라고
눈도장을 찍은 가지 끝에
하얗게 눈꽃이 피어나는데

아득한 곳에서 알알이 빚어진
눈발이 부서져 날리는 속에
무시로 생각나는 그 사람의
손짓인가 눈보라가 날리고 있네

# 잊고자 해도

잊고자 해도 그리움은
잊어지는 게 아니기에
그냥 그러라면서
창밖을 내다보니
계절은 바람 타고 숲을 흔들고

하늘은 높고 푸른데
더위를 식혀주던 무성한 나뭇잎은
한 잎 두 잎 낙엽 져 바람에 날리고
한가하게 숲속은 햇빛을 즐기나

망각의 자세로 버티고선 나뭇가지
사이사이 저편으로 침묵의 무게는
한 조각 흰 구름 되어
산등성이를 넘고 있네

# 인연의 그림자

삶은 그리움인가
인연의 그림자에
사랑의 빛이 드리워져
서걱거리며 살아왔는데
이제 그림자 어디에

아침이 어둠을 밀어내고
햇빛이 하루를 열려면
창문을 열고 인사마저 잊을까
모두 안녕이라 건네고

오늘도 무엇으로 뜸 들일까
어제 할 일 오늘 할 일 끝이 안나
언제까지 만지작대는
몽당이 붓이 쌓여만 가는데

인연의 그림자는
돌부처처럼 밤낮이 따로 없이
석양을 등지고 또 하루가 가고
스치는 바람만이 곁이런가?
창밖에 나뭇가지만 흔들어대고

# 베란다에

장항아리 두세 개와 단지 등
몇 개의 화분이 놓여 있고
유리병이며 잡다한
플라스틱 용기가 구석을 메운
한 뼘 마당(베란다)에
사랑의 손길이 잠겨있다
한겨울에도 다소곳이
고개 숙이고 주렁주렁 매달려
피어나는 선인장 꽃송이들

하필 제일 추운 때 피어나는
개 발자국처럼 생긴 잎줄기에 매달린
별 모양의 분홍빛 꽃송이들
무엇이 그리 부끄러워 한사코
아래만 내려다보고 피어나다가
봄빛이 쏟아질 무렵이면
그만 피어나는 개 발자국 선인장

이여 또 다른 화분에서는
군자란잎이 싱싱하게 펼쳐진 가운데
꽃대들이 다투어 솟아나 몽우리 지어
폭죽 터트리듯 불꽃처럼 피어나는
주홍빛 꽃다발이 4월에 피기 시작해
5월까지 피어나는 정열의 꽃을
반겨주고 사랑하던 손길은 지금 어디에
나 홀로 내려다보는 군자란이
볼수록 연민이 드는구나

# 일상(日常)

일상이 되어 버린
사랑의 울안 베란다 정원
한 뼘 마당에 추억이 배어있는
사랑을 기르던 꽃들에

내 나름의 정을 담아
화분에 부어주는
물 한 바가지에 시 한 수
곁들여 보노라니

그리움이 애잔히 밀려와
창밖 하늘을 바라다보게 되고
정원을 내려다보면
아파트 관리실 지붕 위에
무심히 나부끼는 태극기가
이 마음 무겁게 펄럭이고
통일은 언제 되어 고향을 가볼까

시름에 겨워 커피잔을 들고
뒤 베란다를 향해 식탁에 앉아
밖을 내다보니 어느새
산자락에 봄 향기 풍겨오는 듯
따스한 햇살이 눈 부셔 보이고

곧 피어날 개나리 진달래꽃들이
저 산자락을 물들이겠지
목련꽃도 피어날 언덕을 바라보니
지난날이 아리게 그리워진다

# 오늘도 산에 가면

지팡이를 짚고 나서며
머뭇거려져 급할 것 있나
그렇다고 시간이 문제인가

세월은 점점 속도를 내는 듯
일주일이 하루같이
어느새 주말이 와있다
조금은 들뜨는 하루
평일과 다를 바 없는데
습관은 평생 가나보다

기다리는 사람도 마주할 이도 없이
시간만 축내느니 뒷산에라도 오르자
움직여야 사는 것 같지 않나
몸이 뒤뚱거려 걱정이다

평생 부지런 떨어야
사는 것 같은 몸에 밴 습관이
지팡이 짚고 숲속 오솔길에 들어서면
그늘진 나무 사이사이에 햇빛이 쏟아져
반겨주는 환한 웃음이 있고
들꽃이 소곤대고 산새들의 노래가 있어
심신이 편안해지는 하루

## 여백(餘白)

새해 아침이 밝았다
새 일기장에 펼쳐지는 하루
마음에 준비된 일기장이 없다
꿈속 미로에서 깨어난 기분이다
숨 고르는 지난 한 해였기에

어제 일이 오늘처럼 일상이 되어
눈에 어른거리는 많은 미련이
뉘우침으로 점철된 하루하루
못다 한 사랑의 말 한마디
되뇌어 보는 나날이었다

마치 사막에 주저앉아
돌이킬 수 없는 발자취 뒤돌아보는
망연자실해 있을 수만도 없는 것
이제 마음 한구석 여백을 찾아
새로운 한 획을 써 내려가야겠다

## 마음 하나

채워도 채워지지 않고
비운다고 비울 수 없는 삶의
한주먹 마음 하나 채우기보다
비우기도 어려워라

무엇을 채우고
무엇이 있어 비우랴
허전함은 어디에다 두고
양심 하나 채우고 보자!

바람으로 채우고
흘러가는 세월로 축내랴
한세상 삶의 보람으로
무슨 그릇으로 남을까?

# 나잇살

오늘도 홀로 서성대며
누가 기다려지나
고갯마루 아파트 정원에
저! 구부정한 소나무 한 그루
버티고 서서 사색의 밑바닥을
내려다보는 고독의 일상인가

못다 한 사랑의 빈자리
그늘진 나잇살이 하늘을 이고
세상사 내려다보는 적적함을
한가하게 바람을 휘저어
누구에게 보이랴
이런저런 소식이 귀를 스칠까

언제까지 흔들리는 나무로
침묵의 바위를 이웃으로
바람 소리 나누고
다행히 계절이 배달해 오는
꽃향기를 즐기나

# 운명의 길

전쟁을 치르는 살벌한 현실에서
살아남기 위해 허둥대며
고향을 떠나 가족과 헤어져
피난 생활에 휩쓸려 지치도록
발버둥 치며 운명에 이끌려 살아왔다

어언 70여 년 괴롭고 험난한
외로운 길이 운명처럼 펼쳐져
현실이 이끄는 데로
악착같이 살아남아야 했다
그러나 통일의 그날만 고대하며
오직 끈질기게 살아온 것이
무의미한 생각이 들었다

늦게나마 깨달은 삶의 가치를
본연의 나에서 찾아야 했다
언젠가는 통일은 되겠지만
그것은 변함없는 확신이고
삶의 질은 나의 지향하는 길에서
반드시 이루어져야 하리라

인생은 땀 한 방울 피 한 방울이다

# 산을 넘고 바다 건너

바다는 희망의 배를 띄운다
넓고 망막한 그리움이 넘실대는
저 바다 지구라는 숙명을 품고
욕망이 넘실대는 파도를 몰고 와
내 앞에 부서지고 일깨워져
시원스레 토해내고 거듭나는 바다

멀리 바라다보는 산은 목적이다
가는 길은 험해도
오르고 또 오르기엔 숨차지만
그 속에 보물이 묻혀 있을 것 같아
힘들게 오르고 올라 바다를 바라다보면
가슴 벅차게 파도가 바람이 되어 안긴다

희망과 목적을 위해서는
건너야 할 바다는 넓고 깊고 아득해도
또 산은 높고 험해도 물길 산길이
하늘 아래 펼쳐져 있음에
그 은혜를 알면 되리라

# 그대 시 사랑이

그대 시 사랑이 어디쯤에서
던져진 사막에서 몸부림치며
목메어 부르는 외침이 메아리져
주어진 한계를 벗어날까

얼마나 가슴 태우며
두 손으로 머리를 감싸 쥐는
오직 그대 사랑은 한결같아
내일이 있어 오늘이 보람이리

피 끓는 용광로에
열두 번 들어갔다 나와도
수백 번 두들겨 맞고
마지막 담금질을 해
시원하게 목을 축여 내뱉어
또 수백 번 날을 세워 갈고 닦는
그대 향한 사랑은 언제까지

끝내는 그대 미소가 가슴을 안아주리

# 아카시아 꽃이 피면

아카시아 꽃향기 찾아 산자락에
벌떼가 윙윙 소리를 내 분주하다
조용한 소란 속에 하얀 눈발처럼
연못가에 떨어지는 꽃잎
송사리 떼 모여들어 쪼고 있다

버들가지 늘어진 호적(好適)한 곳에
모처럼 자리 잡고 앉아
바짓가랑이 걷어 올리고
겨우내 햇빛을 못 봤을 네 개의
보드라운 살결 드러내 발 담그고
점벙대니 물 주름이 찰랑대고

정겨운 5월의 햇살이 화사하게
수면 위에 쏟아지고
물속에 잠긴 하얀 뭉게구름 속에
두 얼굴이 겹쳐 어른거리는 파장이
꿈결이듯 옛날이 그리워라

# 오가리

햇빛이 한 아름 안겨지는 베란다에
잘게 썰어 말리는 호박이나
소쿠리에 담아놓은 무말랭이를 보니
어릴 적 생각이 따스하게 다가선다

내 어린 시절에는 간식거리가 별로였다
눈 녹인 봄 햇살을 그냥 두기엔 아까워
겨우내 먹다 남은 시큼 텁텁한 동치미 무를
썰어 말리느라 담장 울타리에 널어놓은
한 조각 오가리를 집어 들어
껌처럼 씹으며 짭짤한 맛을 즐기며 놀던
그때 그 시절이 생각나고

큼직한 동치미 무를 냄비에
넓적하게 썰어 넣고
고추장 풀어 조린 반찬 조각으로
밥그릇을 비우던 그때의 그 맛을
오늘 밥상에서 맛보고 싶어진다

# 땅거미

한여름 저녁 노을빛이 짙어지고
마을 앞 둑길에 땅거미가 내려
나무숲에 어둠이 드리워지면
새들의 잠자리 부스럭대는 소리로
시골 마을이 고요를 부르고

노을빛이 어둠에 누이면
하룻밤 고단한 농부의 몸도
새 아침을 그리며 뒤척이다 잠이 들고
중생의 거친 숨소리에 잦아지는 밤
바스락대는 풀벌레 소리에
밤하늘이 펴놓는 조용한 평화가
짙어져만 갔다

그 정적인 평화는 지금 어디에
어릴 적 내 고향이 그립다

# 어버이날

내 젊은 시절은 6·25전쟁 끝이라
삶이 절박한 나날이었음에
어버이날이라고 따로 쉬는 날이 없고
밥상 한번 잘 차려드리고
받아보는 것이 쉽지 않았다

벼락 치듯 달궈진 세상이
사나운 바람에 물결치듯
출렁대는 속에 지칠 줄 모르게
살아가느라 쌓이고, 옹이진 마음속
망향의 꿈은 체념하다시피
살아오는 동안
새록새록 자란 꽃봉오리가
피어나고 있음을 보게 되었고

꽃같이 환하게 방끗 방끗
웃으며 자라는 아이들 모습에
세월은 가는지 오는지 모르게
바쁘게 지내오면서 한때는
어린이날이라고 나무 그늘에서
김밥 먹던 날이 보람이었고
그때 그 아이들이 어른이 되어
듬직하게 키운 손자 · 손녀들과
어버이날이라고 찾아와
풋풋하고 애틋한 향기를 안겨주다니

# 복(伏)날은 가는데

한세상 살아도
두 번 못사는 인생인데
꿈이라도 달게 꾸었으면
한여름 매미 소리는 기승인데
몇 날이나 울다 갈까
복(伏)날은 가는데

부글부글 끓는 가마 속 같은
이 밤의 열풍과 씨름하며
세상사 짝사랑에 겨워 땀 흘리고
열병에 휘말리는 꿈길에
아지랑이 속 뜨겁게 달구어진
들창에 매달려 우는 매미 소리

살아보니 김빠진 맥주 맛 같아
정신없이 독주 맛을 즐겨보는
무리수도 있게 마련인가
땀에 젖은 손을 가슴에 얹고
선풍기 소리에 코 고는 소리
밤은 깊어져간다

제5부

# 가면무대

# 정답이 없나

아! 이것이
무슨 징조인가
끝이라는 말은 하지 말자
나뭇가지는 흔들리면서
뻗고 가지 친다

희망의 가지 끝은 매몰찬 바람에
입을 벌릴 수가 없다 그렇다고
울 수도 웃을 수도, 미칠 수도
누굴 탓하고 원망할 수도
그저 인내할 수밖에

조바심이 지나쳐
누굴 붙잡고 하소연하랴
이래라저래라 하지만
이렇다 저렇다 입을 가리고
정답이 보이지 않으니
그저 답답할 뿐

그렇다고
코로나가 어느 하세월이랴

# 이제 문은 없다

날마다 해는 떠올라도
빛이 어둠을 삼키고 뱉어내는
광장이었나 난장판이었나
여닫는 문은 이제 없다

온 세상에 나앉은 한글은
땅 하늘 천지에 어디서나 날려도

구질지게 비 눈물을 자아내는 깃발을
마구 흔들면서 내뱉고 토해내는
쓸개가 광장을 어지럽히고 있다

부릅뜬 눈으로 내려다보는 동상이
앞마당을 지키는 수문장이었나
하도 많은 소란에 귀가 막혔으리라

일장검 짚고 서서 먼 곳을 응시하는
위엄(威嚴)이 있는 장군이었으면

# 어디에나 가면 무대

서막,
세상은 어디에나 가면의 무대
관중이나 등장인물이 헷갈리고
육지가 잠긴 바다에서
알아볼 수 없이 밀려왔다 밀려가는
파도가 아닌 바람이 출렁 댄다

1막,
입을 가리고 색안경 쓰고
모자까지 눌러쓰고 코로나19에 밀려
서로 알아볼 수 없이 줄을 서서 마치
발돋움하는 허수아비가 부표처럼
우왕좌왕 몰아치는 파도에 내던져져
휩쓸린 물거품이 뒹구는 속에
해변에 모래알은 몸 가누지 못하고

2막,
하늘엔 가마우지 같은 한 무리가
하얀 갈매기와 소란스럽게
폭탄을 물어뜯는 터 싸움에
실성한 물고기는 갈 곳을 잃고

옛날은 없이 현실은 가면의 절벽 앞에
갈매기 소리 파도 소리에 아우성이
온 바다가 출렁 댄다

3막,
계절에 물들어가는 옥수수잎이
젖은 눈시울을 햇살에 말리는
한가위 낟알 영그는 가을바람이 스치고
그 누구의 그림자 하나 없는 조용한
아침 한나절 멍석을 펴놓은 마당에
빨간 고추를 말리느라 만지작대는
허리 굽은 할머니 등 뒤에 차가 와 서고
가면의 신사가 차에서 내리며
어머니 하고 낯익은 소리 질러대니
뒤따라 할머니 하고 달려드는 소리에
아이고 내 새끼야!

4막,
도시 한복판 가면의 무대 교차로에는
희망 구급차의 긴박한 사이렌 소리와
늘어난 배달 서비스 오토바이가 내달려

가면의 얼굴 가득 실은 버스를 앞질러
광폭하게 운전해 사라지고
건널목 어귀에 걸쳐진 현수막에는
가면을 벗어버린 웃음 박힌 얼굴 속
자막은 허공에 수를 놓아 펄럭이고
빨간색 노란색 파란색 신호등이
복잡한 세상 길잡이를 하고 있다

*코로나19, 지방자치단체장 보궐선거, 우크라이나 전쟁 상황, 추석 명절 등.

# 도랑물은 흘러가

골짜기 도랑물은
어쩔 수 없이 속 좁은 소리를 내며
흘러갈 수밖에 없어도
거슬러 오르는 소리는 아니다
그저 도란도란 부딪치며 흐른다

물길 따라 강물에 이르다 보면
거슬러 올라오는 물고기를 만나지요
먼바다를 헤엄쳐 황금알을 배고
힘들여 고향 찾아 돌아오는
연어 떼가 있지요

그래서 밥상머리에 찬이 차려지고
달콤한 연어회로 소주 한 잔 카! 하고
마시고 먹는 것 아닙니까
그런데 말입니다

왜 한강 물 갈라놓는 자리 섬에서
임진강으로 조용히 합쳐 흐르게
놔두지 못하고 무엇을 더 잡으려고
날마다 소리치며 물을 흐려놓는지
그래도 강물은 바다로 흐르지요

# 솥뚜껑 여닫는 소리

바야흐로
장작불 타들어 가는 소리
불꽃이 튀고 매운 연기 속에
가마솥에는 온갖 푸성귀며
파 마늘 향신료에
간장, 된장, 고추장 풀어 넣고
짐승의 오장육부가 부글부글
끓는 소리 따라
솥뚜껑 여닫는 용트림 소리에
땅이 진동하고
하늘도 놀라겠네

판이 벌어지는 소리

# 모래알로만 살아갈 것인가

모래알 하나하나가 뭉쳐지게
자갈 시멘트와 물로 배합을 해
뼈대 '철골(鐵骨)'에 살을 붙이듯
콘크리트를 해 빌딩을 세우고
각가지 시설물들이 들어설 수 있게
건설하는 데 중요한 재료이듯 단결된
백성들을 모래알로 비유해 본다

콘크리트 철심(뼈대)은 '나라의 법'이라고 하고
모래와 자갈 시멘트는 '백성'이라 한다면
물은 경제 '돈'이다. 돈 없이 무슨 수로
무엇을 건설할 수 있으며 어떻게 화합(단합)할까
즉 배합과 조합 균형(콘크리트)의 조화를 이루어
안정되고 건전한 집(나라)을 세울 수 있을까
지난날 돈을 벌기 위해 머리카락 한 오라기도 소중히 모으고
피와 땀을 수출해 오늘날 경제의 기반에 보탬이 됐다
그러나 이제 좀 살 만하다 했더니 거덜 내려 하는지
국방은 고사하고 민심을 모래알로만 볼 것인가

또다시 6·25 때처럼 수난을 겪지 않으려면
창의적이고 공감할 수 있는 건설업자, 즉 '지도자'의
신뢰의 기반을 둔 능력과 덕망을 발휘해
배합(화합)의 조건을 계속 충족해 나가는
남북통일을 위해 보다 적극적이어야 하리라
언제까지 모래나 자갈 시멘트가 임자를 잘못 만나
서로 뭉치지 못하고 헐뜯고 상처 주고
이상한 고집(내로남불)으로 서로를 피곤하게 해서야
욕심을 버리고 오직 나라를 위하는 마음으로
도약하는 기반을 조성해 나갔으면

# 말이 소리가 되어

맛에 감각이 혀끝을 적시듯
쏟아내는 말의 감각도 알아서
뱉어낼 것을 가려서 한다지만
뇌의 하수 역할의 소리가
선전(宣傳) 없이 되는 게 없는지
쏟아내는 정보가 홍수를 이르고

흑백의 정의에 회색이 끼어들어
옳고 그른 말에 식상해 하고
거칠게 막말을 얼음 깨물듯 즐기는
모순이 진실을 구분하기 어렵게
손끝으로 톡톡 갈기는 글과 말이
세상 민낯으로 굴러다닌다

오늘날 경쟁심이 지나쳐서일까
생각이 단순해져서 그럴까
갈등의 원인을 남의 탓으로만 돌리고
날 저무는 줄 모르게 분풀이로
사무친 불만을 아니면 말고 식 내뱉는
무책임의 행동이 갈등을 유발한다

집적거리는 취미가 생리가 되
심술 나면 돌부리도 걷어찰 기세로
양심은 냄새나는 고리짝 취급하고
이것 아니면 안 된다는 막무가내로
끼리끼리 귀를 맞대고 내뱉는 독기가
진실의 감각을 무디게 흐려놓는다
대체 저들만 사는 세상인가

# 그림 속 풍경

한 폭의 그림 속 세상을 본다

사람이 못 미치는 곳을
신(神)은 알고 있다고 믿으면
그곳은 저세상이겠고
모른다고 하면 신의 소리가 아니라
이 세상 그림일 것이다

오늘날의 세상을 들여다보면
제멋대로인 것 같으면서도
묘한 질서와 굴레가 얽혀져
공중엔 거미줄처럼 그물이 걸쳐있고
땅 위에는 가시밭길이 펼쳐져 있는
말 많은 꽃밭에 벌 나비 조심스럽고
왁자지껄 소란스런 나팔 소리에 폭발음
난장판의 하루해가 붉다

드리어진 어둠이 녹아내리고
광란의 광장 숨소리 구석구석 배어 있어
덕지덕지 뭉개고 분통을 삭힌 자국
온 세상이 활화산의 그늘에서
벗어나지 못하고 아귀다툼하다 지친
한 폭의 그림 속이 어지럽다

# 빈대떡

드디어 버릴 때가 되었다
후회의 찌꺼기
욕망의 잔회(殘懷)들!
때문에 어둠이 짙다

새해 벽두부터 폭발음이 들려오고
용광로에 불꽃처럼 허공을 찌르니
혼돈의 비명소리에 하늘이 진노하고
땅이 흔들리고 불안이 겹치는데

안에서는 섬광처럼 지나쳐버린
영광의 이슬빛이 못내 아쉬워
짓누르는 맷돌 마음에
모든 갈등을 쑤셔 넣고
뉘우침의 눈물로 갈아엎어
열 받은 철판 위에 튀겨진
빈대떡 한 접시 앞에 놓고
막걸리 한 사발로
후련하게 세상사 마셔버려라

# 애증(愛憎)이 춤추는 세상

시간이 흐르는 대로
햇빛이 어둠을 밝히는 대로
날이 지새고 푸른 하늘 아래
크고 작은 바람이 서로를
어루만져지는 대로 사랑을 키워
결실의 씨앗이 뿌리를 내리고
꽃이 피고 푸르른 강산에
알알이 열매가 열리는데

왜일까 느닷없이 밟히고 꺾기고
흔들리는 고난을 참아내느라
갈등이 종잡을 수 없이 쌓여가고
힘겨루기하며 싸워야 하는 고난이
역사는 그래왔고 지금도 그렇게
엉기고 구르며 세상은 그렇게 변해왔다

애지중지 목숨만큼 귀한 것 없는데
나 살고자 욕심내 싸우고 약탈하고
정신적 물질적 발전의 속도가 지나쳐
오염물질로 지상이 곪아지기도
동물이 동물을 죽이는 세상이 언제까지
아마도 땅이 돌고 있는 한 끝이 없고
지진이 끊이지 않고 불을 뿜는
생성이 멈추지 않을 것이다

하다 하다 인간이 하늘을 향해
또 다른 지구를 찾아
우주를 탐색한다면서 위성을 쏘아 올리고
지상에는 증오의 불꽃놀이가 어디까지 갈지
버릇없는 전쟁은 끝이 없고
아마도 이렇게 지구가 들볶인다면
이것이 마지막 창조의 시작일까 끝일까

# 야단법석

서로 잘해 보자고
너 좋고 나 좋자고
모두 하나가 되어보자는
말 많은 한마당
이런저런 회의장에다
구구절절 토론장이
헤아릴 수 없이 많다
그 자리에 끼일 수 없는 사람들도
TV로 시청하게 되면
여기에도 회의장의 열기 못지않다

또 광장은 떠들어대라는 이름하여
삼삼오오 만나 법석이는가 하면
무리 지어 모여들어 북 치고 장구 치며
야단법석이 도를 넘어 격한 나머지
싸움판처럼 데모로 이어지고
이래저래 유행처럼 일어나는 세상
이 야단법석이 민주주의의
갈증을 푸는 한마당인가 분풀이인가
이 소란하고 불편한 나라가
그래도 살맛 나는 세상이라 하리

# 한결같은 마음

남과 북으로 갈라진 채 살아가는
삼면이 바다인 이 나라
사방에서 끊임없이 불어대는 파도 소리
태풍 아닌 폭풍이 몰려오는 소리
끊임없이 들리는데

갈라진 강물은 세월을 아랑곳하지 않고
바닷물에 흘러들어 파도에 출렁거릴 뿐
의지의 불꽃은 노을 져 어둠에 잠기나
밤하늘에 별들은 졸음에 겨워
망각의 현실에서 눈을 뜨지 못하고

애타하는 노파심에 누가 귀 기울이리
서리 맞은 고추밭에 매달린
저 비틀어진 빨간색을 보면서
애꿎게 세월만 탓해 무엇 하나
또 눈발이 날리기 전에
널브러진 텃밭을 털어냈으면

# 침묵의 터널

세상은 바람 잘 날 없이
볼썽사납게 굴러가는 소리에
지층이 흔들리고 늘어선 나무는
좌우로 갈라서서 불안스럽게
눈을 흘기며 지켜보고 있다

거칠게 달려가는 모양새는
닦아 놓은 길이 어질러지고
수라장이 될지라도 달리고 보자는
침묵이 가득한 터널을 빠져나가고
아무리 휘슬을 불어도
마주 선 터널에 달려들고 있다

질주하는 소음을
저! 즐비하게 갈라선 나무들은
들바람에 흔들리며 불안하게
언제까지 터널을 지켜보아야 하나
스스로를 알기에 귀 기울일 뿐
통일의 터널은 언제 그칠까

# 두들기는 소리

방망이 감아쥔 손끝에서
불꽃이 튀는 소리 세상을 달구고
밤낮을 가리지 않고 손에서 손으로
줄줄이 혼들이 만나 춤을 추나
거미줄 같은 보이지 않는 선을 타고
온 세상 방망이(정보화)가
날개를 달고 하늘을 난다

마치 도깨비 세상이 돼
하나에서 열까지 방망이가
만사 뚝딱 해결사 노릇을 하는
오늘날의 문명과 과학의 능력이
손끝에서 눈과 귀가 열리다 못해
도가 지나쳤나 좌우는 알아보는데
위아래는 알아보지 못하고
직진만 일삼아 삼색의
교통신호가 필요한 세상이다

# 갈등

빛과 바람은 심술쟁이 짝인가
다만 상대일뿐더러 공존의 가치로
이유 있는 갈등이라 할까
잔잔한 수면 위에 빛이 쏟아지면
시새움에 바람이 불어 물결이 이는
한결같지 않은 날씨가 되어
어느 날은 거칠게 폭풍을 몰고 와
먹구름이 하늘을 가려도
태양의 빛은 사라지지 않는데

어느 날 TV 앞에서 눈이 휘둥그레져
이마에 주름지게 들여다보니
세상 쏟아내는 소리에 귀가 소란해지고
불꽃 튀는 소리 불꽃놀이도 아닌데
무슨 데모가 그리 많은지 조용한 날이 없다
불구경이라도 하자는 심사인지
떼를 지어 몰려 다니며
손에는 장착한 입(폰)을 감아쥐고 눈을 떼지 못하고
인터넷광장을 향해 SNS를 마구 난사 한다
광기에 격한 유탄에 상처를 입을까
비탄의 소리 쏟아내고 개탄의 소리 드높다

빛과 바람의 근본은 어디에 두고
몰아치는 폭풍우에 무슨 기적을 바라는지
홍수 속에서 샘물을 찾기다
문제는 점점 갈등만 쌓이고
세상은 저들만 사는 곳이 아닌데
갈라서서 무엇을 얻으려는지

# 산은 말이 없다

눈이 있어도 보지 못하고
입이 있어도 말을 못 하나
그래서 귀가 있어도 흘려만 보내고
유구(悠久)한 세월 왜 질기게 살아왔나
앞으로도 얼마나 모질게 살려고
달리 아름다운 강산이라면서

서울을 둘러싸고 있는 북한산을 비롯해
도봉산, 수락산, 불암산, 청계산, 관악산 등이
병풍처럼 수도 서울을 감싸고 내려다보니
많은 사람들이 장터처럼 모여들어
마치 시내 한복판은 가마솥같이
부글부글 끓는 소리 넘치는데

국 끓인다고 불길을 쑤셔댄 연기 속에
이거다 저거다 이래라 저래라 식객들
한다고 하는 사람들의 목소리가 높아
이것저것 집어넣고 끓이다 보니
희한한 죽탕이 되어 버려
열이 먹다 다 체해도 맛있다 하겠네

# 무조건

알다가도 모를 일
몰라도 알아야 할 일
이념은 뭐고 민주주의는 뭐고
보수는 뭐고 진보는 뭐냐
밥인가 술인가 다 먹고 마시며
굳이 딴소리를 내야 하나

자유의 한계와 법의 한계 어디쯤에서
개인의 주장이 정의라고
무조건이 조건일 수 있을까
무엇 때문에 이판사판 판치며
소란하게 동의를 외치는가?

무엇으로 형체 없는 정의를 저울질할까
거짓과 진실의 싸움판이 되고
가짜가 판을 치고 억눌린 순진함이 돼서야
그래도 법이 있어 나라가 서 있음에
무조건 입씨름에서 벗어나야 하리라

# 돌탑

생각 없는 돌들을 모아서
무슨 생각을 심어 돌탑을 쌓아 놓았나
누구라 알아봐 줄까
내몰린 계절에 몰고 온
어수선한 바람이 한 잎 낙엽을 물고
돌탑을 휘돌아 숲속을 헤집고
못다 익은 열매에 빛을 나누는데

소리 높이 날뛰는 한 무리 까치와
까마귀 날개 없는 청설모가
세 다툼인가 쫓고 쫓으며 푸드덕대고
성가시게 나뭇가지를 흔들어대며 소란이다

그 틈새에 하얗게 포기 져
피어있는 구절초 꽃들을
구부정하게 몸을 가누고 내려다보는
늙은 소나무 그대는 외롭다 말이 없어라
계곡 물소리 산새 소리에 언젠가는
수고한 보람 돌탑에도 꽃이 피리

## 떨어지는 것들

낙엽만 떨어지는 것이 아니고
화려한 꽃잎도 바람에
나비처럼 날리다가 달리는
차창에 부딪쳐 곤두박질치고
어설픈 문명 때문에
새들이 정신없이 날다가
방음벽을 들이받아
애처롭게 떨어져 숨지고

공사판에서 일하다 떨어져
숨지는 노동자도 있는가 하면
하늘 높이 날던 비행기가 떨어져
아까운 목숨이 희생되는 사고 등
한 치 앞을 가늠하지 못해도
태양은 누구에게나 희망을 주지만

살아남기 위해 살아가기 위해
온갖 자격시험에서 떨어지는 것이며
분수에 맞지 않는 권력에 눈이 멀어
갖가지 선거판에 뛰어들었다가
회오리바람에 풋과일 떨어지듯 하고
잘 익은 과일도 미처 따지 못해
비바람 맞고 떨어지는 일이며
사람 사는 세상사 이치는
중력(重力) 때문만은 아니리

# 왜?

눈물이 나네요
왜냐고
소리쳐 보아도
하늘은 높고 넓은데
땅은 비좁고 어두워라
답답한 마음에
눈물을 닦아주려니
그 사람은 어디에
아아 애달파라

눈물의 참사가 땅이 비좁아 선가

# 부정의 숲 2

야망이 불안의 동기가 되어
혓바닥을 들어내 날름대며
부족함을 채우려 숲을 누비고
비정을 일삼는구나

아무리 부족함이 줄만이 되어
손바닥으로 얼굴을 가리고
귀를 틀어막고 날 세운 눈으로
혓바닥 날름거리는 사술(邪術)을
하늘은 못 본 체할까

야망의 불씨가 하늘을 찌르고
폭발음에 땅이 흔들리고
수많은 애매한 비명소리가
비탄의 숲속 길을 헤매는데
그 비정한 야망이 목숨보다 귀하더냐

먹고 먹히는 존재의 한계는 죽음뿐인데
그 악랄(惡辣)한 야망이
순간을 폐허 속 비명소리로 채워도
숲속에 풀꽃은 피어난다

# 어둠은 밤일뿐

어둠은 밤일뿐
세상을 물들이지 않는다

매일 밤 잠재우고 지새고 나면
아침이 와 해가 떠오르고
문이 열리면 시작은 있어도
끝이 없는 삶이 있을 뿐

날마다 솟은 해가
날마다 지는 해가 되어
노을 지고 어둠이 내리면
다시 펼쳐지는 밤이 되는 것을

새들은 무슨 끝판이라도 보려고
초저녁 저렇게 자리다툼인가
사납게 지저귀고 푸드덕 대는지
이 땅의 미루나무는 고달프다

# 눈물이 비든가

하늘이 가끔 메마른 땅이면
사랑의 눈물을 뿌린다
풀 한 포기 꽃 한 송이 열매 한 알에
촉촉하게 정을 담아 이 땅에 비가 내리고
때로는 사납게 꾸짖듯이
뇌성 치며 비바람 몰아치며
무섭게 진노해 쏟아내는 비가 눈물이네

세상은 울고불고하면서도
힘들여 가꾸어 꽃을 피우고
열매를 거둬들이며
희로애락(喜怒哀樂)을 받아들인다

그렇게 울며 인내하고 평화롭게
눈물이 비가 되어 살아가고
살아왔는데 욕심이 지나쳤나
이기심이 하늘을 불편하게 해
탁한 공기가 쓸모없는 구름이 되어
홍수가 나고 땅을 메마르게 해도

하늘을 우러러 정을 담아 언제나
가꾸어져야 할 이 땅에 사랑스런
눈물이 비가 되어 꽃을 피운다

# 시베리아 바람

지하철 입구를 빠져나온
연말의 발걸음이 분주하다
어둠 속 불빛 난무하는 네거리
서쪽 빌딩 아래 접어드니
사정없이 시커먼 짐승 같은
시베리아 바람이 확 달려들어
옷깃을 휘감는다

어수선하게 날리는
가로수 한 잎 낙엽 떨어져 밤하늘에
박쥐처럼 솟구쳤다 사라지고
빌딩 속 진열장에 현란한 조명 속
첨단(尖端)을 걸친 마네킹은
추위를 아랑곳하지 않고

바쁘게 질주하는 자동차의
차로를 등지고 가로수 아래 줄지어 선
포장마차가 용트림하듯 김이 서리고
떡볶이에 꼬치구이 먹거리 등
고소한 토스트 굽는 버터 냄새에
차가운 입김을 삼키게 한다

잰 발걸음 소리가
지하철 입구를 향해 자석처럼
빨아들이고 또 용수철처럼 빠져나가는
열풍도 시베리아 바람도
도시는 그렇게 한통속 들고나며
한해의 마지막 밤이 깊어가고
희망의 새 아침은 밝아 오리라

## 두고 온 산

삶이 시간의 장단을 맞추어도
뜻대로 되는 게 아니기에
아리랑! 아리랑 흥얼대며
발병이라도 나야 앉아 쉬어볼까
그러면 시간이 더디 갈까
바쁘게 살아왔는데

잘살아 보자는 세상살이가
날마다 목구멍에 낀 때와
흘러내리는 땀을 닦아내며
손발이 부르트도록 일에 매달려
숨차게 걸어왔는데
가도 가도 넘어야 할 고갯길

오늘 여기까지 왔는데
숱한 깔딱 고개 넘어와
이제 아파트 정원에 심어 놓은
한 그루 소나무를 창문 사이에 두고
동병상련(同病相憐)인가 바라다보며
그대 두고 온 산을 그리워하나

## 제6부

# 뒤안길

## 껍질

열매는 저대로 알갱이를 품고
미처 처지를 모른 채
생각 없이 땅에 떨어질까
씨앗의 기품(氣品)인 것을

자연의 섭리대로
동물들에 먹이가 된다 해도
한 알의 열매가 익을 때까지
얼마나 뜨거운 햇빛과
숱한 비바람을 받아들이고
이겨낸 결과물인가

그 대단한 알갱이를
간단없이 껍질을 벗겨버리고
먹어 치우는 소리 당연한 것처럼
쩝쩝거리며 배를 두들기며
쓰임새 좋은 에너지가 되어
힘자랑의 그 고마움을 알까
껍질이 단맛의 역사임을

# 알부자(은행나무)

노랗게 물든 은행나무를 보면
다복한 한 가정을 보는 것 같다
돈 부자에 자식 부자로, 알부자로 연상되는
다닥다닥 사랑의 열매가 달려있다

복이 알알이 빛어지는 햇빛을 시샘해
바람 잘 날 없이 흔들어 대
노란 잎이 낙엽 져 날리고
다다 귀로 열린 은행알이 떨어져
길 위에 어질러져 구린내 난다고
지나는 사람들은 밟힐까 종종걸음인데
어떤 사람은 소중히 주워 담는다

은행알은 세 겹의 껍질 속에 들어있다
무슨 진실이 그리도 소중한지
그 알갱이를 먹어본 사람은 알까
마치 자식 많이 낳아 고생고생
키워본 사람만이 알 듯 알부자의 기분을
은행잎도 몸에 좋은 약재로 쓰이는데

아름답다고 감탄할 땐 언제고 낙엽 져
밟히고 고약한 냄새가 풍기고
지저분하다고 가로수로써는
적합하지 않다고 열매 없는
수컷 나무만 골라 심어 놓자고 한다

참으로 야속한 세상이다
시집장가가기 어려워지는 세상처럼
열매는 없이 잎만 있는 나무를 심자니
겉만 화려하고 알갱이(진실) 없이 언제까지
자연도 세상 형편에 미쳐서 존재할까

# 풍요로워라

파란 하늘에서
쏟아내는 빛이 바람에 실려
어디에나 안기는데

시골집 담장 위에 걸린 홍시가
아파트 창밖에도 열리는가 하면
들판이 황금색으로 변해가고
산천초목이 울긋불긋 단풍이 져
알차진 제 얼굴들이 드러나 보이고

시골길 둔덕에 들국화가
즐비하게 피어 있고 등산길
텃밭 한 귀퉁이 돌무덤에
넉넉한 얼굴을 내비친 호박이
넝쿨 채 드러내 풍요롭다

산자락 고추밭이 빨갛게 물이 들고
들어낸 무 배추밭에 싱싱함이
농부의 정성 어린 노고라
감사한 마음이 번지는 길섶에
색색의 풀꽃들이 지나는 나그네에
갈채를 보낸다

# 인생 누더기

살아서 몸 하나 치레 걸치고
세상살이 나서야 하기에
마음 하나 타도록
애써 불사르며 산 삶

덧칠하고 덧대 붙이며
꿰매 입고 돌고 돈 인생길
그림자 지우고 잊혀지고
다시금 발자취 따라 헤매는

한참 세월이 흐른 뒤에
그것이 인생인가 싶은
한 벌 누더기를 걸치고
이제도 불타는 노을 앞에서
옷소매를 걷어 올리고 있다

# 살다 보면

세상 돌아가는 물정(物情)을
알면 얼마나 알아야 하고
모르면 얼마나 모를까
몰라 갈림길에 서보면
어떻게 알아서 한 길을 갈까

살자니 먹어야 하기에 잘 먹고
알아서 적당히 즐겨야 하는 삶을
반면 몰라 못 가려 막 먹고
마구 즐기는 세상을 모른 채 살까
그러나 방점은 그대가 할 일

밤하늘에 달을 쳐다보면
둥근달이 반달이 되고 조각달이 되다
다시 반달이 되 둥근달이 되듯
세상사 돌고 돌아 희망의 빛과 그림자
앞뒤에 따라 붙어 있음에 어쩌랴

살다 보면
예측 없이 변하는 세상에서
악몽도 꾸고 길몽도 꾸며
무게 모르는 마음 헤아려 움켜쥐고
길길이 힘을 내 보지만 누가 알랴

## 먹이사슬

밤낮으로 돌고 도는 지구에
중력에 의해 만물은 거꾸로 서거나
매달려 존재한다 할까
불안해도 낙원으로 알고 산다 하리

서 있거나 앉아 있거나 일을 하거나
밤에는 잠을 자며 꿈꾸면서
자석처럼 땅에 붙어 살아가는
일체 떡고물처럼 존재한다 할까

모든 생물은 먹이사슬에서
더 살기 위해 안간힘을 다하지만
먹고 먹히며 생명의 한계가 있는
물체로서 거듭나는 영혼으로
지구라는 땅덩어리가 있는 한
영원히 존재하리라

# 그리움의 한숨이

오늘도 누군가 그리워지는 하루
주고받을 수닷거리가 쓸쓸해져
창문을 열고 맞아들이는 이
긴 한숨들을 쉬고 내쉰다

잘들 있겠지 먼 산을 바라보며
만날 일이 없다고 소원해지랴
한심한 인사 건넬 수밖에
코로나19란 놈 조심하라고

얼굴 내놓고 세상 나돌기에는
입을 가리니 누가 알아볼 것이며
그저 답답한 세상 힘내라고
어디다 무슨 말을 건네리

# 내 발바닥

제일 밑바닥을 차지하고
죽을 때까지 심장이나
머리에 머물러 보지 못하고
험한 길을 지치도록 밟고 다니는
바퀴 역할에 지팡이 역할만 하고
수고했다 고맙다 말 한마디 없이
아이고 다리야 장딴지만 어루만져 주고
미처 발바닥엔 신경이 덜 갔다

늘그막에 허리가 굽고
흰머리 바람에 부서지며
지팡이에 의해 끌고 다니는
발바닥이 돼서도 제 할 일 하느라
머리를 떠받드는 심장 소리 들으며
험한 길에 구르고 넘어져도 일어나
갈 길을 재촉하는 충직한 발바닥
이제야 그 고마움을 알아보고
닦아 주고 씻어 주고 만져 주지만
이미 만신창이가 된 발바닥

# 빗방울이 창문을 두들기더니

창문을 두들기던 빗방울이 하룻밤 사이에
태풍이 몰려와 노성 치며 물 폭탄을 터트리고
눈을 부라리고 세상을 삼킬 듯이 덤벼든다

바람에 가로수가 쓰러지고
건물 지붕이 날아가고 전봇대가 부러지고
간판이 날아가 유리창이 부서지고
날아든 파편에 사람이 다치고 교통사고가 나고
몰아친 비바람에 홍수가 나 농경지가 침수된
축사가 물에 잠겨 소 돼지가 물에 떠내려가고
산사태로 길이 막히고 다리가 주저앉는
온 세상이 수라장이 돼버렸다
한순간에 마비된 세상 어디다 하소연하랴

일 년 365일이 순탄치 못한 날씨라 해도
올해는 너무도 모질게 겪는 한해다
새해 벽두부터 느닷없이 코로나19가 나타나
한여름에 마스크로 숨을 가리고 사느라
열불이 나는데 태풍이 한 번도 아닌
두세 번 몰려와 엎친 데 덮친 격인데
나라 안팎은 볼멘소리가 끊이지 않고
하늘을 향해 원망하랴
망연자실해 넋 놓고 있을 수만 없는 일
제발 참아낼 힘을 잃지 않기를 바랄 뿐

## 혼자 날아가는 새

어둠이 내려앉는 노을 따라
이름 모를 물새 한 마리
서쪽 바다를 향해
외롭게 어디로 가나

팔팔한 날개가 동쪽을 향할 때는
아침 한나절인가 싶었는데 어느새
귀향길 서쪽 하늘을 향해
훨훨 날아가는 쓸쓸함이여!

붉은 노을이 어둠 속 누이기 전에
가는 곳이 어디 메고
머무를 곳에 누가 기다림이 있나
뒤돌아보지 않고 훨훨 날아가는
물새 한 마리

# 이 가을에 단풍잎 하나

작은 연못에 단풍잎 하나
물 위에 떨어져 아름답기로
연민의 시선이 가는 가을빛에
물들은 자연의 한 자락(恣樂)
넋을 놓을 만큼 취해 보나

저 정겨운 낙엽이 떨어져
바람에 실려 어디에 자리 잡을까
사랑의 연민은 오래였으면 하지만
결국 찬란한 원색이 물에 잠길까
망연(茫然)히 바라보는데

빨간 단풍잎 하나
임자 없는 조각배처럼 풀숲에 머물고
무서리가 내린 아침햇살이면
잠시 눈물 고인 채 웃음 짓는
이 가을에 단풍잎 하나

# 하루를 살아도

담담하게 흐르는 물결이
바람에 파도처럼 일어도
더불어 대자연에 힘입은바
내 한 몸 희망으로 산다 하리

하루하루 지켜보는 누군가와
온 힘을 다해 은혜로 이어지는
티끌만큼의 정성이라도 다해
흘러가는 시간 따라 일 따라
웃음 지어 보이리

땀 한 방울 물 한 방울 적시는
풀잎 하나에도 내주시는
무한한 손길에 감사하며
내 할 일을 펼쳐야겠지

# 모르면서

모르면서 알게 된 것을
알면서도 몰라질 수밖에 없는 망각의 시간을
무슨 수로 챙길 수 있었을까

그 기억이라는 저장고를
사전(事典)을 들여다보듯
깊이 사고(思考)해 보면
불쑥 나타나는 낱말

대체로 망각의 시간에 묻혀
몰라질 수밖에 없었던 것이
불현듯 떠오르는 것이
영감(靈感)이라 할 수 있을까

오늘도 그 신기함을 기대하면서
죽치고 앉아 사색의 실마리를 찾아
깨달아지는 기분에
시 한 수 그려본다

# 뒤안길

언제까지 사랑의 뒤안길에서
뉘우침의 눈물이 고랑 져
저 강물에 그리움을 실어 보내나
먼발치에서 두고두고 생각나
하늘을 바라다보네

짝을 찾아 헤매는
산새 소리 애처로이
흘러가는 구름 속 메아리로
잊지 못할 사연
가슴 아리게 흘러가고

겪고 나서야 아는
세상사 지난 일 후회해 보아도
이미 걸어온 길 걸어갈 길
뉘우침의 뒤안길에서
그리움을 시 한 수로 달래 보네

# 돋보기

눈이 부실해져
돋보기 신세를 질 수밖에 없는
재활의 구심점에
지팡이와 함께 분신이라 기대된다

늘 건강을 챙긴다는 것이
새 옷 한 벌 마련하듯 하리
이제 춘하추동 계절을 따르는 사치는
단풍잎처럼 밝게 웃음 지어 보일 뿐

돋보기를 양미간에 걸치고
병원 문전을 드나드는 것은
인간만이 누릴 수 있는 문명임에
살펴 살고자 하는 필요조건이라

구석진 세상 밝게 보기 위해서
관심의 기능을 넓혀주는 마음에
돋보기가 필요해져
시 한 수로 대신해 보리

# 달맞이꽃

못내 그리운 사랑
밤새도록 달을 쳐다보며
짝사랑에 겨워 피어난
그 이름 달맞이꽃인가

놓친 사랑
잊힌 사랑
짝사랑에 흘린 눈물이
오솔길 풀숲에 발자취로 피어나
누구라 알아봐 주리

달 밝은 밤에 홀로 피어나
못내 서러워 울어 새다
눈물이 이슬져 꿈결인데
눈부신 해돋이에
웃음 짓는 달맞이꽃

# 입맛 다시듯

시 한 줄 생각을 그리다가
왜 그게 맛으로 떠올려지나
씁쓰레한 모습이 앞을 가리고
간절함은 목이 메 침을 삼키고

좀처럼 사랑이
다가서 주지 않는 핵심
한사코 생각은 맴도는데
두 손을 비비고 서서
이제나저제나 나타나 주기를

시 한 줄 들고 서서
읽고 또 읽어 보고 골몰해도
좀처럼 나타나 주지 않던 그 모습
기다림이 통했나 이제야
그 얼굴 가슴에 안기듯 와 닿으니
이제 마른침을 삼키네

# 초심

코피 한 잔을 마주하고
차향을 음미해 본다
젊은 날에 꿈이
차를 대했을 때 느꼈던
그 진한 향이 떠오르듯이
초심의 시정(詩情)이 그립다

암울한 세상이 지루하게 이어져
순수함이 메말라 버렸나
하는 일이 신선하게 와닿지 않아
새해는 무엇이 절실한지
의지의 변화가 있어야 하겠다

하얀 원고지를 대하듯이
새 캔버스를 마주하듯이
새해 벽두(劈頭)에 다짐하는
시 한 편 그림 한 장에
이 차 한 잔에 정서(情緖)를 담아본다

# 여름밤 하늘에

유유히 흐르는 강물을
거슬러 날아가는
이름 모를 물새들
아침엔 동쪽을 향해 부지런히 날더니
해 질 무렵이 되니
쓸쓸히 노을 진 서쪽 하늘을 향해
귀소(歸巢)의 고단한 날개 훨훨
금빛인지 흰빛인지 어둠 속 묻혀가고

한여름의 열기도
막바지에 이르러 입추(立秋)가 지난
8월의 밤하늘에 한 오라기
소슬바람 휘감아 스치니
초승달이 전에 없이 밝아 보이고
땀에 젖은 가슴팍이 시원해지는데
풀벌레 소리는 더욱 기승이라
가을이 다가오긴 하나보다

문학세계대표작가선 1041

# 힘(力)

이상엽 제4시집

인쇄 1판 1쇄 2025년 2월 26일
발행 1판 1쇄 2025년 3월 5일

지 은 이 : 이상엽
펴 낸 이 : 김천우
펴 낸 곳 : **문학세계** 출판부 / 도서출판 천우
등 록 : 1992. 2. 15. 제1-1307호
주 소 : 서울시 광진구 구의강변로 85 강우빌딩 7F
전 화 : 02)2298-7661
팩 스 : 02)2298-7665
http://cafe.naver.com/chunwu777
E-mail : cw7661@naver.com



값 18,000원



ISBN 978-89-7954-949-2